101 Tips para ganar dinero escribiendo

KDP Editorial Design

Wilmer Antonio Velásquez Peraza

Published by Wilmer Antonio Velásquez Peraza, 2022.

101 TIPS PARA GANAR DINERO ESCRIBIENDO

First edition. April 9, 2022.

Copyright © 2022 Wilmer Antonio Velásquez Peraza.

ISBN: 979-8201235895

Written by Wilmer Antonio Velásquez Peraza.

Also by Wilmer Antonio Velásquez Peraza

KDP Editorial Design
Principios de Redacción SEO optimizada para el posicionamiento orgánico
101 Tips para ganar dinero escribiendo
Nuestro sueño hecho realidad

SEO & Marketing
Hazte experto redactor SEO de 0 a 100 en 3 semanas

Tabla de Contenido

Este humilde trabajo es mi intento de aportar valor a aquellos autores y principiantes que desean tener un apoyo y tips directos enfocados en la acción.

Producir y generar, ganar un poco de experiencia nutriendo sus deseos de trascender, del mismo modo identificar nichos rentables en los cuales apoyarse para avanzar en su ir y venir de ideas en pro del mundo del escritor con oficio y propósitos de futuro al día de hoy.

Robert S. *McGraw*

Tabla de contenidos

Esmérate siempre, como si fueses a crear un Best Sellers en 7, no es una utopía, está más cerca de la realidad de lo que piensas.

Peinadora y chifonier integrado con espejo y banquito para niñas o jovencitas.

Calidad - Distinción y Originalidad.

¡A toda prueba!

HACER DE TU PASIÓN, TU NEGOCIO...

Canva Pro Premium como recurso de trabajo

Aprende a vivir de lo que amas y hazlo bajo tus propios términos. Algunos de mis Títulos en Amazon Kindle:

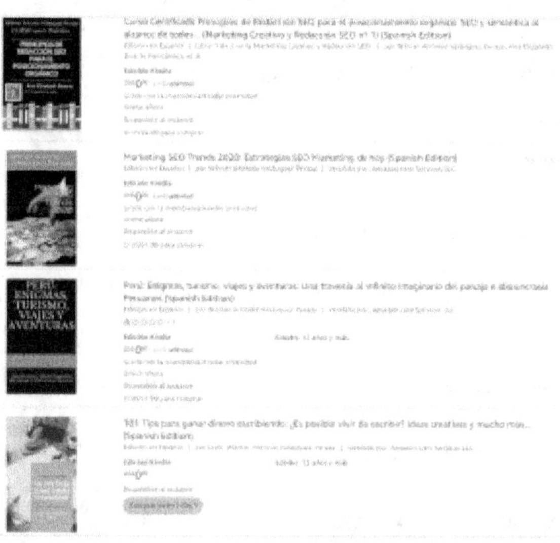

Muestra tanto ventajas como vicisitudes por corregir y mejorar.

https://youtu.be/54a4bcl9Oo4

<u>**Plataformas de trabajo freelance para redactores**</u>
<u>**Referencias bibliográficas:**</u>

Prólogo:

¿Te imaginas lo que significaría para ti vivir de escribir?

"101 Tips para ganar dinero escribiendo"

Este pequeño manual, es un material que te motivará a vivir de escribir, sí, a ganarte el sustento de forma consistente, y haciendo lo que amas.

En cada proyecto poniendo a prueba tu ingenio, tu talento, tu inspiración, que se plasman en un texto y que otros "pagarán" por leerte.

Deleitarse con esos contenidos, porque le aporta valor a su sentir, a su pensar, e incluso a su diario vivir, por ejemplo...

Te garantizo que es posible, si te gusta y pones pasión al expresarte, con empeño al transmitir tus humildes conocimientos a otros, lo lograrás, no tengo la menor duda.

La fe, la confianza en ti mismo, la perseverancia y el estudio continuo, te ayudarán a alcanzarlo en menos tiempo del que crees.

¿Qué es eso que debes estudiar de forma continua?

No te preocupes, el conocimiento de tu lenguaje nativo, se hace intuitivo y se da de manera natural, estos tips te llevarán a hacerlo cada vez mejor, con mayor seguridad y naturalidad, pudiendo así avanzar con estas herramientas, que aquí generosa y desinteresadamente te proporciona el autor.

Un conocimiento revelador, dónde los principios de redacción, copywriting, y hasta ventas, así como de estructura SEO optimizada, porque tú, quién escribes por y para internet.

Y que actualmente se hace necesario que todo escritor domine, y quién se precie de serlo, sí o sí, debe conocer y manejar tales pautas de escritura con maestría y responsabilidad.

Si te ha causado curiosidad este título: **101 Tips para ganar dinero escribiendo** genial, eso hace el gran copywriter, cumplir ese objetivo, llamar la atención y motivar a ejercer una acción.

Ahora bien, te insto a aprovechar cada uno de los tips aquí sugeridos, son producto de una vida de pasión, experiencia y dedicación por parte del autor, al sublime arte y placer de expresar sus ideas, por medio del idioma escrito.

De manera espontánea y generosa te lo regala en su libro, sí, te lo regala, porque constituye una solución auténtica para tu problema de cómo escribir y las ideas o estrategias que puedes poner en práctica para vivir de ello.

¿Por qué?

Porque el valor que aporta a tus saberes, este pequeño y a la vez gran manual, es incalculable, en relación al irrisorio precio que pagarás por tan magníficos consejos e información.

Al internalizar y al poner manos a la obra, en el **¿cómo escribir?** te convertirá en ese profesional exitoso que deseas llegar a ser.

El tiempo ha marcado una nueva senda en nuestro accionar, la era actual, que le permite un acercamiento, a cada segmento de la población, identificando a tu público objetivo, por lo que vivir de escribir ha llegado, y es posible.

Aquí al decodificar esos saberes, el autor logró resumirlo en pautas seguidas por antecesores exitosos, que, como valiosos secretos ahora se te revelan en estos maravillosos: **"101 Tips para ganar dinero escribiendo"**

Al aprovecharlos, alcanzarás esa satisfacción que sólo da el superarnos a nosotros mismos, sirviéndole a tu prójimo durante ese recorrido.

Es común que tu mente se resista, y de pronto te plantees incógnitas mortificantes: **¿estaré haciendo lo correcto? ¿Será que alcanzaré el éxito?**

¿Cómo lo sabré?

La constancia, en el ejercicio de escribir frecuentemente, la investigación incesante y sobre todo descubrir cuál es ese nicho al que debes dirigir tu mensaje, serán la clave de tú éxito.

No dudes en hacerlo, si aún no has comenzado, y te llama la atención, o si ya tienes algún conocimiento y vienes haciéndolo, no vaciles en invertir en ti mismo.

Este librito de cabecera, te reportará un mundo de beneficios y desde luego múltiples satisfacciones, porque el límite no existe, las barreras las colocas tú, y para ni no tienen cabida, es decir, son innecesarias.

"101 tips para ganar dinero escribiendo" se convertirá en tu texto de consulta, insustituible material de apoyo, al internalizarlo y hacerlo tuyo, descubrirás un antes y un después, en tu forma de comunicarte.

Maneras de expresarte, con ideas que te permitirán lograr otro nivel como escritor, y hará de ti un vendedor, para entonces, vivir de escribir, ese sueño, ya no será perseguido por ti, sino que él te perseguirá a ti.

Sin siquiera notarlo, estarás en dominio de los secretos que te harán capaz de crear contenidos de calidad con mucha autoridad y propiedad sobre cualquier tema, de manera fácil, rápida y espontánea.

Se te convertirá en una costumbre, algo propio, y único, donde cada artículo, post o pensamiento escrito será como ese hijo preciado, o como ese desafío máximo que sólo puede ser coronado por tu éxito.

Te harás conocedor del medio digital, poseedor de una habilidad noble y pura, expresada con pasión, amor y dedicación, esa misma que brota desde tu alma, como legado a la humanidad, porque captarás sin remedio a ése, tu público objetivo.

Es el momento indicado, porque ha crecido la demanda, y uso de las habilidades de profesionales de esta índole, toda vez que hoy día todo, o casi todo lo hacemos por internet.

Las relaciones interpersonales han obligado a una mutación en la forma de comunicarnos.

Y es a través de la palabra escrita como podemos desarrollar comunidad y, por ende, vender nuestros conocimientos y experiencia, dándole un valor agregado tanto a perfiles, como a productos y servicios.

Atrévete, te invito a intentarlo, no te arrepentirás...

¡¡¡Éxitos!!!

Ing° Ana Elizabeth Duarte Hernández
Copywriter y analista de marketing digital.

Introducción:

Existe en el mundo un gran número de personas que se sienten malhumoradas e inconformes con el trabajo y la vida que tienen, sin embargo, están sumidos en ella y presos de algo que odian, pero no pueden desprenderse de ello. **"Cada quién vive como le ha tocado vivir" dice un adagio.**

Nos parece que eso no debe ser del todo cierto, y aunque algunos consideren que no contamos con la suficiente **autoridad** para afirmarlo, conocemos de **servicios copywriter**, y sabemos que no es así.

Sin embargo; hay que aclarar que no debes jamás dar por sentado lo que el **sistema de valores,** o de anti valores que te impone la **sociedad actual** y las circunstancias que te han tocado vivir hasta este momento trastornen o trunquen tus **sueños.**

Libertad plena del Copywriter, relevancia en su accionar y como alcanzarla

Nadie ha dicho que al **transitar** ese **camino del copywriter creativo_ Sí, ese que nutre tus sueños**, y a la vez te impulsa a un sinnúmero de **individuos,** contados **por millones** y que el universo siempre ha querido **alcanzar,** ese dejavú, **esa quimera** endulzada por una **gran relevancia** y los elementos que se deben engranar para definitivamente **alcanzar la libertad plena realizando el Copy que Amas.**

Y aquí no me refiero sólo a **la libertad financiera** o a la **libertad de vivir** en **paz y en armonía** junto a **tus propios logros,** ambigüedades y concepciones de cómo es y de cómo debe vivirse una vida plena para llegar a ser felices como Copywriters.

Un copywriter escribe copys y **también libros**

Ama plenamente el Copywriting al escribir y crear

En las **creencias** particulares **de millones de seres humanos en el mundo**, sobre todo de quienes creen en un **Poder Supremo**, dicho de otra manera, en un Dios que no solamente creó todo lo habido y por haber, lo sublime e irrestricto, el Ging y el Yang, el blanco y el negro, la luz y la oscuridad.

Esos tintes, los diversos matices y también las arrogancias y las desavenencias, anti valores que nos hacen más larga la **conquista del camino hacia el éxito pleno,** y por ende con mucha relevancia hacia la **felicidad,** en el sentido estricto puedes lograr **éxitos como Copywriter**, un gran oficio de **grandeza y plenitud.**

Un pensamiento que en un muro una vez visualizamos decía: **"Dios ha puesto el placer y el gozo pleno tan cerca del dolor, que a veces lloramos de alegría y felicidad"** ¿Porque permitimos eso? No es necesario sufrir para ser felices y llevar una vida plena haciendo lo que Amas.

Jamás permitas, que los fantasmas de otros afecten tu vida y tu tranquilidad emocional, por más razones que creas que tienen de peso sobre ti para dominarte e influir en tus concepciones y emociones, dándote un solo camino, considerado seguro, y aquí hago un enciso muy particular, "seguro" **¿Seguro para quién?** Porque ha de ser seguro para mí, si yo no contribuyo a que lo sea.

Mi experiencia de años en la academia y en el trabajo que hacía feliz a otros, y el cual realicé por muchos años; me da cierta autoridad para decirles que no vale la pena, no permitas, repito no dejes que te manejen y que te inclinen la balanza de tus conquistas por el rasero y la postura de otros.

No muchos caminos conducen al éxito, pero los hay. El copywriter es uno de ellos.

Sé que te sientes como Damocles, tal vez entre la espada y la pared te encuentras como dice una canción. Otra vez te digo hay alternativas y **hay caminos, estrategias** y un cúmulo de situaciones que puedes abordar para ser feliz y **vivir plenamente haciendo el copy que Amas.**

En lo particular, decidí dar rienda suelta a **aplicar** muchas **enseñanzas** y tantas **experiencias** a lo largo de mi vida y usar las fortalezas, los talentos que tengo a mi carrera como **Copywriter y Redactor,** habilidades que cada día y momento de esta vida cultivo con ahínco y emoción.

Dios no coloca a nadie en **este mundo** sin **un talento** que le permita tanto subsistir como el **ser feliz,** está en ti descubrir tus talentos y **explotarlos para bien.**

Promueve el branding con identidad y valores de marca

Un copywriter es un **comunicador,** un **redactor persuasivo,** un **copy sagaz,** en fin, un **creativo,** pero el talento más especial que puedes poseer y aplicar en tu vida es el de la **confianza en ti mismo y en tus capacidades** y grandes potencialidades. He realizado muchas veces escritos que han marcado vidas, lo sé porque me lo han dicho.

"La paciencia es la madre de todas las virtudes"

En relación a esa aseveración debo contarles un poco lo que estoy haciendo y que personas como tú, también pueden hacer para avanzar:

He realizado **infografías**, escrito muchas **notas de prensa**, desarrollado copys para **publicidad**, como por ejemplo la **creación de nuevos productos**, estableciendo sus características, particularidades, lo que se conoce como **Identidad de marca** o branding.

Respecto al branding, he escrito muchas razones del por qué esos nuevos productos merecen ingresar al mercado con éxito, también folletos, **contenidos para páginas web o blogs** de terceros, **newsletters**, ten en cuenta que existen muchas personas o pequeñas **empresas que valorarían tu talento** ya que no tienen para **pagar** los **altos costos** que exigen las **agencias de publicidad**.

Luego de 10 años, en mi último empleo decidí debido al estancamiento y a la poca valoración de un gran trabajo realizado, que algo definitivamente tenía que cambiar. Lean bien esto, duré contratado, si leyeron bien, **10 años "CONTRATADO"** Esto debe ser una broma, muchos de ustedes dirán. Ninguna broma, fue mi realidad.

Después de hacer de todo para obtener un "cargo fijo" en una **institución de investigación agrícola** en mi país, y tantos sinsabores, tantas luchas y amargas pero nutridas experiencias nos hicieron el profesional que hoy somos.

Y cuando hablo de profesional, no me refiero a la **formación académica**, ni a los títulos y estudios, tampoco al nombramiento que después de 10 años recibimos al finalizar ese concurso, donde deciden, sin más remedio otorgarnos el nombramiento de **Profesional de Investigación PI V Grado II**.

Bueno, aunque muchos de ustedes queridos amigos y amigas interlocutores, copywriters y ávidos lectores no lo crean, decidimos dejar todo ese sistema de dominación, sin ejercer tan siquiera una semana la designación y dedicarnos a **conquistar lo que amamos**, mejor dicho a

construir el camino que nos conduzca a hacer lo que es una pasión, primordialmente: **Vivir plenamente haciendo lo que nos da vida y nos llena**, ser **Copywriter**[1].

Sólo 6 meses de trabajo duro y creación de contenidos, tomó para que este sitio: **Marketing Creativo Wilmer Velásquez**, sea aprobado por **Google Adsense**, para monetizar, aún cuando esto no sea la gran panacea, es una de las tantas formas de **convertir tu pasión en dinero.**

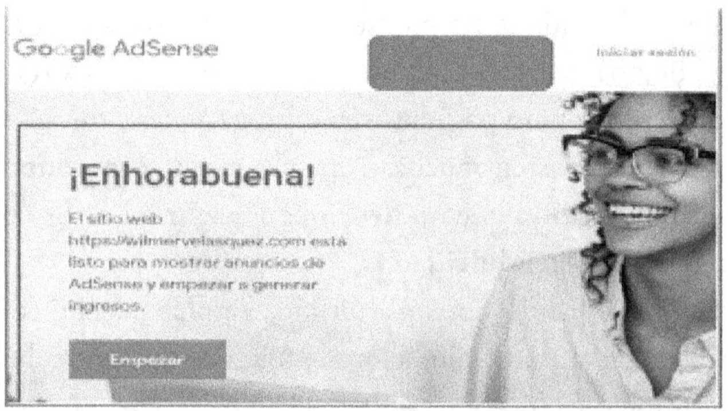

Para quienes no sepan lo que hace un Copywriter, un creativo, voy a recomendarles que lean este artículo de nuestra autoría **Copy conversacional.**

---

1.   https://wilmervelasquez.com/15-estrategias-del-marketing-digital/

Vivir plenamente como Copywriter

Al **aplicar las técnicas de persuasión,** para lograr impulsar e **inducir la acción de las personas** a través de **la palabra usando como medio** las **técnicas de storytelling**, la escritura creativa, la comunicación y también las habilidades de un **Redactor SEO** para ayudar al **posicionamiento orgánico** mediante las **Keywords** o palabras clave de los sitios de nuestros **clientes en el mundo.**

Usar el **arte de la optimización** de los **artículos**, sitios de tus **clientes** y si en algunos instantes nos dispersamos, no fue para nada **nuestra principal motivación**, sin embargo, quiero que sepan que desde aquí y ahora **cuentan con nosotros** y con nuestra humilde **experiencia** para **construir juntos verdaderos activos digitales a través del Copywriter.**

Agradecimiento

Primeramente, a Dios nuestro Señor, ya que nada en esta vida sucede si no viene de su mano y motivado e inspirado en su grandeza y misericordia.

A mi madre, padre y a mi hija, quienes son el soporte y realce de mi vida. Usufructo y responsables de las acciones que emprendemos, forjándonos el carácter y deseos.

Al pasado, bastión de impulso y fuente de esperanzas, por un presente con vicisitudes, y a su vez nutrido de fuerzas que, con ahínco, día con día nos nutre el perfil, con cada vez más fe y visión de futuro.

A todas aquellas personas que de una u otra forma contribuyen a nuestra labor, y a su vez han confiado en este creativo talento desbordado como ese Dejavú que fluye tal cual géiser de conspicuos y sublimes firmamentos.

A la gloria eterna por el éxito de esta obra, que no admite menos de eso, como fruto de este gratificante constructo de desafíos y de grandes retos convertidos en geniales y, novedosas ideas.

A ti Zharick por ser dueña de mi ser...

WILMER ANTONIO VELÁSQUEZ PERAZA.

101 Tips para ganar dinero escribiendo

Las concepciones que te traigo hoy día no pretenden ser una receta ni mucho menos una fórmula infalible, ni una ciencia exacta.

Son de hecho algo perfectible y susceptible de ampliarse o mejorarse, las ideas aquí expresadas son el fruto de una larga experiencia e investigación que nos llevó durante un amplio recorrido.

No sólo por el periplo que significa evidenciar todos aquellos elementos que a ciencia cierta tienen que ver con la escritura como arte de expresión y comunicación.

A su vez las técnicas que pueden aplicarse para efectivamente obtener beneficio económico empleando una correcta **Estrategia de Marketing Digital**[1], marketing de contenidos y SEO desarrollando el arte de la escritura para facilitar un usufructo a través de ellas de manera constante y segura.

No son tips únicos ni algo que no se haya oído jamás, sólo pretenden ser una guía que tiende a orientar tu psique y predisponer a tu cerebro para que cada impulso eléctrico que viaje de dendrita en dendrita al recorrer la súper autopista de tus neuronas te predisponga a crear los mejores contenidos que existen.

Al hacerlo te acerque poco a poco, pero de forma firme y constante a obtener los resultados hasta ahora solo alcanzados por las mentes más brillantes en el área de los negocios, quienes han sido capaces de convertir ideas que llevaron su pasión al límite.

Un límite de inexpugnables alcances y resultados engalanados por cifras, que eran impensables por el común de las personas y más aún cuando estos se colocan barreras a sí mismos al tratar de lograr sus objetivos.

---

1.   https://wilmervelasquez.com/15-estrategias-del-marketing-digital/

Estos seres, no son extraterrestres y a través de la **Identidad de Marca**[2] elevaron sus resultados, alcances y medios para poder desarrollar y hacer del proceso creativo, algo genial como esta guía: **101 Tips para ganar dinero escribiendo,** la misma viabilizará en ti la prosecución del objetivo supremo, **vivir cómodamente de tu pasión por las letras** obteniendo una justa retribución por un gran trabajo y por añadidura el éxito anhelado.

¡Enhorabuena a la acción!

2. https://wilmervelasquez.com/elementos-de-la-identidad-de-marca-2/

101 Tips para ganar dinero escribiendo

1.- Escribe versos, prosas, relatos cortos, cuentos o poemas, existen páginas especializadas en la red que captan a personas talentosas que crean contenidos literarios para colocar en sitios de ese nicho en particular.

2.- Realiza infografías, escribe notas de prensa, desarrolla temas de publicidad como por ejemplo la creación de nuevos productos, estableciendo sus características.

Mantén tu portafolio al día[3]

O bien sus particularidades, mostrando el por qué merecen ingresar al mercado con éxito, también folletos, desarrollo de **contenidos para páginas web** o blogs de terceros, newsletters, existen personas o pequeñas empresas que valorarían tu talento ya que no tienen para cubrir onerosos contratos con **agencias de publicidad.**

3.- Desarrolla contenidos tipo **itinerarios de diarios de viajes,** observa y visita espacios agradables de turismo tanto cultural como de atractivos que merezcan ser resaltados, muy bien, entonces genera contenidos y acompáñalos con imágenes únicas, preséntalos en tu blog o utilízalos como parte de **tu portafolio de trabajo.**[4]

4.- Escribe prólogos de libros, dale una vuelta de tuerca a lo ya existente o preestablecido, esa forma tan particular que tienes de ver la vida como creativo es lo que te hace resaltar del resto, explótalo y úsalo a tu favor.

---

3. https://latincopy.com/author/antonio-velasquez/

4.   https://latincopy.com/author/antonio-velasquez/

5.- Observa a tu madre o en **la tienda de comida local,** como desarrollan los platos y comienza a crear o recrear recetas, como se hacen, que ingredientes importantes se necesitan para que tengan la sazón o la especialidad que ellos tienen, escribe sobre ello, utiliza **fotos de platos reales** y describe lo que les hace tan especiales y exquisitos.

6.- Estudia las técnicas de presentación y **realización de manuales de procedimientos**[5] y comienza a desarrollar uno para cada nicho o industria que te interese, ten en cuenta los targets a los cuales van según el tipo de negocio, empresa o establecimiento, no es necesario que seas un ingeniero químico para escribir sobre ese tipo de empresas, solo investiga y tu talento para la escritura y creatividad harán el resto.

7.- Cada empresa y cada equipo, cada software y cada producto necesitan **manuales de uso** o simplemente la **redacción de una estrategia de ventas,** investiga sobre las áreas que te son afines o te gustan en cuanto a la tecnología y **genera contenidos únicos**, viables y digeribles.

8.- Crea contenidos y escritos sobre lo bueno y no tan bueno de actividades en particular, o de profesiones en especial, acompaña todo este **material con resultados de encuestas** hechas por ti y fotos muy lindas, esto se lo puedes presentar a **medios locales o pequeñas agencias.**

9.- Intenta buscar noticias o consultar y entrevistar a fuentes creíbles y crea esas noticias únicas que puedes ofrecerle a periódicos, revistas o a pequeñas agencias de noticias, de resultar positivo puedes convertirte en un **periodista freelancer.**

---

5.   https://wilmervelasquez.com/marketing-de-contenidos-2/

10.- Entrevista a profesionales de áreas distintas como por ejemplo psicólogos o empresarios y pregúntales sobre sus ideas y como alcanzaron el éxito a partir de eso crea libros de autoayuda o de cómo crear una empresa o estrategias de emprendimiento.

SEO Redactor, mantente siempre activo y ganarás.

11.- Ofrece tus servicios como redactor para cualquier tipo de trabajo en el área de **creación de contenidos** o simplemente crea una cartera de clientes a los que les has ofrecido algún servicio de redacción o comienza con brindarles contenidos compatibles con sus áreas de trabajo, seguro te lo agradecerán pues esto te traerá clientes en un futuro cercano.

12.- Elabora una **carta de presentación**[6] donde expongas tu trabajo, sitios en los que te han publicado o **contenidos que has realizado**[7], noticias que has desarrollado y habla con editores locales o simplemente con dueños de pequeñas empresas del área para que estudien la posibilidad de usar tus servicios o tu talento.

13.- Escribe ebooks[8] para ti o para terceros y colócalos a la venta en plataformas destinadas para tal fin. Del éxito de tus libros o de tus contenidos dependerá tu futuro como escritor o generador de contenidos.

14.- Crea un blog o una página web[9] propias que te permitan escribir sobre el tema que desees y el cual desarrollas con más pasión, y que sin mucha investigación se te dé muy bien, al crear día a día contenidos de calidad pronto se verá **posicionado en los**

---

6.   https://wilmervelasquez.com/quien-soy-2/

7.   https://copyworkers.online/

8.   https://www.amazon.com/dp/B0837MLMTB/ ref=sr_1_1?keywords=hazte+experto+redactor+SEO+de+0+a+100+en+3+se manas&qid=1577547698&sr=8-1

9.   https://wilmervelasquez.com/blog/

buscadores[10] y esto te generará visitas y atraerá la atención y comenzarás a conseguir clientes que quieran anunciar en tu sitio, lo cual se traduce en dinero.

15.- Escribe un boletín de prensa en tu comunidad, existen muchas **plataformas y softwares en internet** que te ayudarán a crearlo, puede ser con frecuencia quincenal o mensual, posteriormente con el éxito del pequeño medio comienza a **ofrecer espacios de publicidad** a empresas, personas o negocios locales.

16.- Mantén impreso varios ejemplares de tus trabajos realizados, e inclúyelos en las ferias locales, realiza un stand llamativo en el cual se vea tu trabajo, asóciate o adquiere **material inédito de fotógrafos locales** o utiliza **plataformas de imágenes libres**[11] de derechos con licencia creative commons para nutrir tus escritos.

17.- Si se te dan las relaciones o conoces una celebridad o alguna persona influencer entrevístale ofrécele contar su historia y que este a su vez te promocione así conseguirían una relación ganar-ganar que beneficiaría a ambos en un mundo tan competitivo.

---

10.   https://www.amazon.com/-/es/

Wilmer-Antonio-Vel%C3%A1squez-Peraza-ebook/dp/B09KPKB5SL/

ref=sr_1_1?__mk_es_US=%C3%85M%C3%85%C5%BD%C3%95%C3%91&c

rid=1XWVD50LAURA5&keywords=curso+certificado+principios+de+redac

cion+SEO+para+el+posicionamiento+organico&qid=1641511185&s=digital

-text&sprefix=curso+certificado+principios+de+redaccion+seo+para+el+posi

cionamiento+organico%2Cdigital-text%2C715&sr=1-1

11.   http://pixabay.com/

Ambiente y rutina de trabajo.

18.- Establécete una rutina de por lo menos generar un artículo diario de temáticas muy en boga en la actualidad mundial o de un país en particular y date de alta en **Plataformas de Autores** e interactúa con los demás escritores o redactores, comparte ese contenido en las redes sociales: **Facebook, Twitter, Instagram, Pinterest** y **LinkedIn**. Eso te dará un ingreso respetable, poco a poco en función de tu trabajo constante y de la calidad y viralización de tus artículos o escritos.

19.- Si conoces a algún **caricaturista o dibujante** con personajes únicos e inéditos ofrécele realizar contenidos o historias para esos personajes creando pequeños libros de historietas o de cuentos cortos con imágenes.

20.- Realiza chistes o recopila chistes y dale otro sentido obteniendo nuevas historias graciosas eso te permitirá generar rutinas para comediantes que tienen definitivamente un valor y un precio.

21.- Genera contenidos sobre el ambiente, el cuido del mismo, la permacultura o la producción agrícola en huertos o pequeños espacios y ofrécelos a medios locales o mejor realiza una columna diaria sobre estos temas y preséntalo, así contribuirás con la preservación del ambiente y la vida en el planeta, a su vez podrás convertir tu pasión en dinero.

22.- Inscríbete en plataformas de marketing content o vendedoras de contenidos, realiza las pruebas a las que hubiere lugar y si te seleccionan comienza a realizar contenidos pagados (post patrocinados) para que ellos los vendan a terceros.

23.- Ofrece a personas comunes o personas de tu barrio, localidad o comarca tus servicios gratuitos para contar sus historias de vida, luego esas particulares visiones de la vida y experiencias conviértelos en personajes y escribe relatos, cuentos o novelas que pudiesen algún día resultar en **Best Sellers en 7.**

ODA AL MUNDO NUEVO[12]

Esmérate siempre, como si fueses a crear un Best Sellers en 7, no es una utopía, está más cerca de la realidad de lo que piensas.

24.- Conoce sus historias, comunícate con la gente hasta el más "insignificante" de los seres tiene una historia que contar pregúntale de esas vivencias y experiencias y comienza a redactar guías de **"How is it done"** o como se hace, que son tan peculiares y tienen mucho éxito en la web, ejemplo pregúntale a **un carpintero como construye una silla o un gavetero** y escribe, **¿cómo construir un gavetero en un día?**

Ya que hablamos de gaveteros, tal vez, si te lo propones, puedes ganar un dinero extra, cantidades respetables escribiendo copys como este:

---

12. https://www.amazon.com/-/es/Wilmer-Antonio-Vel%C3%A1squez-Peraza-ebook/dp/B08KHTZ4FC/

ref=sr_1_1?__mk_es_US=%C3%85M%C3%85%C5%BD%C3%95%C3%91&dchild=1&keywords=ODA+AL+MUNDO+NUEVO&qid=1604342306&s=digital-text&sr=1-1

Peinadora y chifonier integrado con espejo y banquito para niñas o jovencitas.

Deja de sufrir por la falta de espacio y funcionabilidad en tu mesa de noche.

Aprovecha y otorga un poco de distinción a la habitación de tu hija.

Despierta su talento, cuando tu nena disfruta de su funcionabilidad en pequeños espacios de su cuarto.

Allí puedes ubicarla, y al mismo tiempo tener un gran poder de almacenamiento de sus juguetes, pendientes, prendas, joyas o maquillaje.

Dispuestas en 2 amplias gavetas con adornadas manijas doradas, como parte esencial de una hermosísima peinadora estilo Barbie, chifonier y porta joyas con un útil banquito.

Medidas: Mesa de 90cm de alto x 75cm de ancho y 40cm de profundidad, un espejo funcional con marco de 38 x 54cm con el banquito tipo taburete de 50cm.

Colores rosado puro y blanco brillante. Y adornada con girasoles, mariposas y cebra animal print.

Excelente regalo de cumpleaños o un gran accesorio para la habitación de tu Barbie, ideal tanto para niñas como para jovencitas.

Esta peinadora y chifonier con espejo y banquito tallados en madera de pino y conglomerado en MDF.

Aprovecha, es la última unidad de 5 realizadas con sus propias manos por nuestro equipo, y esta es para tu hija.

Visualiza su calidad en estas imágenes, y no obtendrás nada menos de lo que te hemos descrito.

Calidad - Distinción y Originalidad.

¡A toda prueba!

Adquiérela ya, no te la pierdas, que no te arrepentirás...

Muy bien, continuando con nuestra top list, todavía debemos recorrer el camino del guerrero, ese héroe que te impulsará a lograr tus sueños escribiendo y creando.

25.- Escribe textos de modismos o de refranes y así compartes la cultura de las personas y la universalizas, posteriormente intenta monetizar esos escritos de forma especial.

HACER DE TU PASIÓN, TU NEGOCIO...

26.- Aprende una técnica especifica, por ejemplo, como escribir un contenido radial, o como se realiza un programa de radio o como organizar la parrilla programática de una estación local y realiza entrevistas para ellos, esa relación a la larga te dará un beneficio, sino en dinero, por lo menos te dará un espacio de publicidad "gratis" para ofrecer o anunciar tus servicios en la radio y así alcanzarás llegar mucho más lejos de forma más expedita.

27.- Tus historias inéditas, cuentos, relatos e incluso novelas mantenlas listas para ser presentadas en concursos de literatura, en base a su calidad pueden obtener un premio en metálico y a su vez su publicación, lo que te dará un **status como escritor de valor** y más clientela entre personas, empresas y editores.

28.- Crea ideas originales de temáticas pegajosas únicas y publicitarias, las agencias siempre andan en la búsqueda de creativos e ideas innovadoras que les permitan mantenerse a la vanguardia en un mercado tan competitivo a nivel mundial, tus escritos podrían encabezar una gran **campaña de un lanzamiento mundial** de algún producto con la imagen de una superestrella del espectáculo.

29.- Utiliza la **técnica de esquematizar al escribir** y con una correcta investigación mantén tus contenidos frescos y cambiando pequeñas palabras, ideas o frases puedes hacer de un artículo hasta 3 con la misma investigación, pero cambiando su enfoque desarrollas más contenidos a partir del mismo principio o idea. Mientras más prolijo eres con calidad, más éxitos obtendrás.

30.- Intenta revertir los procesos de generación de ideas y contenidos, crea escritos que hagan más expeditos los procesos y ese ahorro ya sea en tiempo o de otra índole traerá una nueva forma de ver la vida, esa vuelta de tuerca te dará credibilidad como autor y por ende te traerá más clientes.

31.- Cuando alcances un nivel ya grande o amplio de clientes aprende a delegar, **se generoso con tus colaboradores** y permite que ellos ganen y que ganen bien, así trabajarán felices junto a ti haciendo crecer juntos **tu negocio de redacción profesional**[1], alcanzando otro nivel.

32.- Redacta cartas de presentación de personas, resúmenes o síntesis curricular de una forma tanto original como llamativa, usa las palabras justas que te permitan captar clientes de calidad, del éxito que tengas en este sentido contribuirás a que más personas consigan el trabajo de sus sueños, por ende, estos te recomendarán obteniendo así nuevos clientes.

33.- Desarrolla **cursos de escritura y redacción profesional**[2] y ofrécelo a clientes a través de tu página web o blog, una buena estrategia es participar gratuitamente en seminarios o dictar conversatorios o talleres, lleva allí folletos o tarjetas de visita donde muestres cursos de escritura, copywriting o redacción profesional, con precios competitivos, ya verás que clientes captarás.

34.- Crea tarjetas junto a las **fotos de tu colega fotógrafo local** con materiales únicos y con mucha creatividad, coloca en ella pensamientos, poemas o simplemente **el lago o atractivo turístico local** en todo su esplendor, eso lo valoran los **foráneos** y se obtiene créditos y dinero con esta estrategia.

---

1.   https://copyworkers.online/

2.   https://wilmervelasquez.com/formacion-en-marketing-digital-2-2/

En ese sentido, te voy a recomendar el software de diseño **CANVA**[3], no soy diseñador gráfico, sin embargo, he realizado con la herramienta ya más de 200 diseños, y ha sido un gran aliciente, para mis proyectos y para mis clientes:

Canva Pro Premium como recurso de trabajo[4]

35.- Escribe historias tipo guión tanto para cine como para televisión, este tipo de artículos si son desarrollados con calidad pueden ser comercializados en mucho dinero, es una buena forma de **monetizar tu pasión por escribir y crear.**

36.- Ofrece el servicio de **escritura de post para terceros**, existen en el mundo más de dos mil millones de sitios webs y cada fracción de nanosegundos se crean nuevos, por lo cual **escribir contenidos únicos,** reales y que ofrezcan **ideas de posicionamiento web o SEO**[5] son garantía de que vas a tener éxito al comercializarlos.

---

3.   https://copyworkers.online/puede-canva-sustituir-el-trabajo-del-disenador-grafico/

4. https://copyworkers.online/puede-canva-sustituir-el-trabajo-del-disenador-grafico/

5.   https://blogger3cero.com/articulos-de/posicionamiento-seo/

37.- Contenidos de **reseñas de productos o servicios de empresas**, generan dinero a quienes son capaces de hacerlo con calidad, caracteriza ese producto o servicio y desarrollando ese contenido, estoy seguro de que ganaras, eso está garantizado.

38.- Esmérate en generar contenidos no solo con la visión de ganar dinero, el dinero debe ser un medio no un fin, tus artículos, escritos, notas, **infografías**[6], post o en general tus contenidos deben ir hacia fidelizar a las personas y darles un **contenido de calidad** que les aporte algo, eso te garantizará un futuro en tu profesión y si a su vez esa profesión es tu pasión, pues que más puedes pedirle a la vida. No será un trabajo para ti.

39.- Vende **anuncios pagados en tu sitio**, blog o webs, pero sobre todo ofréceles a tus clientes un servicio completo donde tú puedes desarrollar los contenidos y cuadrarle un gran diseñador gráfico que sinergice ese contenido dándole mucho valor, lo que se traduce en una mayor rentabilidad para ambos.

40.- Otra forma de convertir tu contenido en dinero es la figura del **mercado de afiliados**[7] existen grandes empresas que pagan porque sugieras uno de sus productos a tu audiencia, que crees artículos o contenidos sobre sus características y potencialidades y si se vende ese producto a través de las recomendaciones a tu audiencia eso te generará una comisión por cada venta que realices.

41.- Crea info productos que pueden ser físicos o virtuales, escribe Infomerciales, lo cual consiste en la redacción de comerciales informativos a través de tu web o blog o simplemente incluye en tu

---

6.   https://drseo.online/2020/05/19/marketing-digital-global-vs-preferencia-del-cliente/

7.   https://www.siteground.es/index.htm?afcode=4aaf2076e8cfad8013854319881l8cda

página una tienda y vende productos tuyos o de terceros, también cabe aquí el **dropshiping,** que es la colocación de **productos de terceros** que no los tienes en tu stock, sino que funges como un intermediario, incluso de empresas tan lejanas como China.

Cuando lo publicas, colocas un precio un poco mayor del que ofrece el fabricante, esa diferencia de precio es la **comisión por la venta** a través de ti, y ellos se encargan de enviarlo hasta la casa u oficina del comprador, **tu solo te encargas de venderlo y cobrarlo**, pagarlo en el sitio a la empresa fabricante y proporcionar la dirección de envío del comprador.

Aprende a vivir de lo que amas y hazlo bajo tus propios términos.

42.- Aprende a vivir de lo que amas, escribe y genera contenidos día con día sin que esto constituya una obsesión sino una pasión, eso se reflejará en la calidad de tus escritos y conectará con todo tipo de audiencia, la universalidad de tus contenidos (**evergreen**) y la uniformidad, así como la forma tan fácil como estos sean digeridos es lo que te hará de los mejores escritores por ende te convertirá en una autoridad en la materia lo que se traduce en clientes y desde luego en dinero.

43.- Escribe un proyecto de emprendimiento adaptado a varias situaciones que te permita vender ideas originales en ese sentido y en diversas áreas, quienes las adquieran y tengan éxito con ellas aparte de agradecerte te recomendarán con su audiencia objetiva lo que te dará credibilidad.

44.- Escribe sobre ventas, finanzas, consejos y vivencias reales de cómo mejorar la situación financiera de tales o cuales personas en distintas áreas, pero sobre todo escribe en **cómo crear activos** que le ofrezcan a las personas una salida a las **crisis tanto existenciales como económicas.**

Todo esto, te permitirá librarte de las ataduras que significa hacer el mismo trabajo por 25 o 30 años y les dotará de **inteligencia financiera** lo que se traduce en **inversiones y adquisición de tiempo de calidad junto a sus familias** unido a un retiro digno sin vicisitudes.

45.- Escribe técnicas sobre **webinars** o cursos a través de la web, donde enseñes a las personas como explotar sus potencialidades o como desarrollar una habilidad o crear una virtud en ese sentido, escribe sobre motivación y utiliza citas de autoridades y versados en la materia, realiza videos siguiendo tus libretos o guiones y dales valor a tus contenidos, esto se vende cuando son de calidad y con una correcta publicidad.

46.- Escribe **contenidos frescos y actualizados** para compartir en tus redes sociales y conéctalos con las **necesidades de tu audiencia** o público objetivo, creando una red, esa red te apalancará a la hora de **monetizar y posicionar tus contenidos** y te dará muchas satisfacciones.

47.- Crea ebooks para vender en Amazon Kindle u otras plataformas similares, tienen herramientas de auto publicación con las cuales tú mismo puedes orientar y realizar casi al 100% el proceso de realización, edición, maquetado y publicación de tus libros tanto en formato electrónico como en impreso tapa blanda.

48.- Escribe reviews de softwares o Apps, es bastante sencillo y si eres realmente bueno escribiendo no tendrás problemas en descargar, usar y publicar tanto sus bondades, como las limitaciones.

Algunos de mis Títulos en Amazon Kindle:[1]

49.- Escribe sobre casos de éxito y sobre personas de éxito desarrolla mucho contenido de valor a través de ellos o utiliza sus ideas innovadoras para hacer crecer tu negocio de redacción en conjunto que el de tus clientes o público objetivo.

---

1. https://www.amazon.com/s?i=digital-text&rh=p_27%3AWilmer+Antonio++Vel%C3%A1squez+Peraza&s=relevancerank&language=es&text=Wilmer+Antonio++Vel%C3%A1squez+Peraza&ref=dp_byline_sr_ebooks_1

Muestra tanto ventajas como vicisitudes por corregir y mejorar.

50.- Aprende a convertir tu pasión en dinero[2], esto a la larga no lo verás como un trabajo sino como el medio que garantice obtener el fin primigenio que es crear contenidos para la vida, para las empresas, agencias de publicidad.

https://youtu.be/54a4bcl9Oo4

51.- Hazlo para la gente común, intenta aportar soluciones concretas a quienes son los receptores de todas las cosas buenas y eso te dará mucha retribución, pero sobre todo ganas de seguir adelante.

52.- Estudia siempre, investiga y lee mucho, pero sobre todo respeta la lengua y los tiempos verbales y todas las áreas gramaticales, escribe sin errores de ortografía lo que enriquece tanto tu hablar como tus técnicas de redacción y escritura haciéndote cada vez más y mejor profesional. **¡No soy un purista del lenguaje!** Eso se lo dejamos a **Cervantes Saavedra.**

53.- Visita los negocios de tu vecindario y hazles una propuesta de valor, ofréceles redactar sus contenidos, descripción de productos, correos electrónicos, cartas de ventas, y en general las comunicaciones de su local y darles así buena publicidad.

54.- Escribe prólogos e introducciones para libros, ayúdales a los noveles escritores con la maquetación y el estilo de sus obras por precios que satisfagan a ambas partes.

55.- Cada nueva empresa, cada proceso, cada software y producto que ingresa al mercado necesita su partida de nacimiento, ese manual de uso o descripción del procedimiento para su mantenimiento, puedes hacerlo con una correcta investigación.

---

2. https://wilmervelasquez.com/es-realmente-posible-ganar-dinero-en-internet/

56.- Realiza reseñas de películas o de obras de teatro, hay millones de contenidos de este tipo, posteriormente utiliza este material en la plataforma de Artigo y allí harás dinero.

57.- Presta el servicio de creación del portafolio tanto en línea como offline de los escritores y en generar de pequeñas empresas y locales comerciales de tu región.

58.- Date de alta (sign Up) en otras plataformas de contenidos como pressdek, como redactor puedes ganar dinero por las lecturas de tus escritos.

59.- Escribe secretamente (Ghostwriter) para las demás personas, y no sólo libros físicos sino también libros electrónicos.

60.- Hay estudiantes muy poco incentivados a realizar sus propias investigaciones y trabajos escritos, pues obtén un beneficio realizando esto con mucha calidad. Una plataforma de este tipo que te recomiendo porque la utilicé, se llama redactor-online.es allí me gané 1209 euros en pocos meses, los amigos españoles dirán eso no es nada, pues para un país como el mío, **soy de Venezuela**, es dinero, y lo era más en 2008.

61.- Ofrece clases incluso a domicilio de expresión oral y escrita, de comunicación u oratoria; es muy factible y esto tiene un buen mercado de trabajo.

62.- Captar eventos y cubrir noticias, tomar fotos y obtener entrevistas para venderlas a diarios locales, revistas de eventos o de modas, es infinito el rango de acción.

63.- Infórmate de las empresas que no poseen equipo de redacción corporativo y ofréceles tus servicios por eventos o proyectos, o sencillamente para cubrir sus comunicaciones internas y demás actividades que requieran de servicios de esta índole, tanto creativos como comunicativos o de cualidad periodísticos.

64.- Servicios de transcripción de audio a texto, existen **Youtubers** que aparte de necesitar contenidos también quieren mantener redactado y a la mano el ya existente en sus vídeos y requieren de personal adecuado y especializado para hacerlo.

65.- Actor de doblaje y redactor, traductor de apoyo para esta actividad también es muy demandado. En plataformas como **Fiverr** existe un muy buen mercado para esta actividad.

66.- Hay una plataforma que, para ser sincero, no paga mucho, sin embargo, está recomendada para quienes comienzan, se llama **atexto**, allí ganas dinero transcribiendo contenidos de audio a texto, como su nombre lo indica.

67.- Si eres como Yo, un Nerd que le gusta mucho estudiar y en tantos años guardó apuntes de clase, de temáticas o materias tan disímiles y tu madre no los botó o incineró, estas de suerte este material sirve de inspiración para aquellos blogueros o redactores que sufren el **síndrome de la hoja en blanco** y valoran mucho ese tipo de información. Tengo una gran caja de estos cuadernos, trabajos y libretas, justo aquí a mi lado.

68.- Escribe como bloguero invitado o post patrocinados, en ellos colocas una reseña de empresas o personas y entrelazas a tu sitio web o blog con otras páginas, empresas o personas públicas por un precio razonable. Depende de la cantidad de post que realices, pero unos cuantos usd o euros puedes captar.

Plataformas de trabajo freelance para redactores

69.- Date de alta y crea tu usuario o perfil de autor redactor en diversas plataformas de freelancers: Aquí unos ejemplos: **Texbroker, lowpost, vivilia, postedin, fiverr, publisuites, Artigo, Malt, texmaster, Appen, Upwork** twago.com, Globedia.com, soyfreelancer.com, entre otras.

70.- Hazte un portafolio de nombres de empresas y de productos, con su misión y objetivos, aunque no lo parezca esto tiene su mercado, y una retribución en metálico.

71.- Realiza cursos en línea con temáticas bien definidas en cuanto a la creación y la escritura de varios tipos, cuentos, novelas, ensayos y en general todo tipo de creación literaria y ofértalo en tu blog, promociónalo con un vídeo y a través de un post.

72.- Genera escritos del tipo guiones, para vallas publicitarias, textos descriptivos estilo páginas amarillas, guías y recursos distintivos genéricos para todo tipo de negocios.

73.- Escribe copys creativos y publicitarios destinados a la venta de productos y servicios de empresas. En un mundo tan cambiante y dominado por el **Marketing Digital** tienes muchas oportunidades con este tipo de servicio, así que pon a fluir tus ideas para ganar.

74.- Escribe siempre, pero sobre todo escribe bien, la habilidad más hermosa que Dios otorgó a los creativos como nosotros fue el talento de colocar correctamente y en su justa medida el uso de las palabras.

75.- Entrelazar las ideas dándole valor a las mismas, un talento que puede ser innato pero que también puede desarrollarse con años de práctica y disposición, pero sobre todo dedicándose y haciéndole con mucho Amor.

76.- Envía links de tus artículos publicados a revistas, o contacta a puerta fría a empresas o a colegas blogueros y freelancers ofreciendo tu tinta, tu pluma, tu talento.

77.- Redacta contenidos del tipo estrategia de contenidos o calendario editorial, en un tiempo donde la voracidad en cuanto a principios como la inmediatez y la incesante necesidad de textos de valor ha creado esta gran demanda, hazla tuya, ve y ponte en acción.

78.- Genera material, plantillas de texto para diversos fines (evergreen) o adaptables, textos de comunicaciones internas, curriculum, cartas de ventas genéricas y adaptables a diversos nichos.

79.- Vuélvete redactor especializado, en tu área de formación profesional o en esa área que se te da súper bien, y aquella donde tienes esa gran investigación de mercado y aprovecha todos los contenidos de valor que has acumulado durante todos estos años.

80.- Redacta guías de viajes, itinerarios, describe zonas que conozcas y hayas recorrido muy bien.

81.- Enseña comprensión lectora, escritura y técnicas de investigación.

82.- Elabora mostrarios tipo actas de inicio e investigaciones para dar inclusión a los materiales, elementos y equipos que conoces, se que tienes áreas de conocimiento y experticia muy variadas.

83.- Crea guías de técnicas de teletrabajo, estrategias, pasos, conocimientos, elementos, plataformas, conquistas y demás casos y códigos de valor para evidenciar la importancia del trabajo digital.

84.- Date de alta en greatcontent, contenidos click y en wearcontent, tres plataformas probadas, y que pagan un valor respetable por crear contenidos para sus clientes.

85.- Crea tu usuario en verblio otra plataforma para la creación de contenidos de calidad en inglés, es para ciudadanos con competencias gramaticales anglosajonas y de calidad.

86.- Únete a grupos de webmasters y diseñadores web o gráficos, estos generalmente necesitan hacer equipo con redactores y copywriters para ofrecer packs de servicios a sus clientes.

87.- Estudia cursos, talleres o ve vídeos para lograr competencias de **SEO o SEM**[1], lo que es lo mismo posicionamiento orgánico en buscadores y publicidad de paga, así podrás generar textos para estos compelidos nichos de mercado.

88.- Prepara tus webs siguiendo los lineamientos de Google Adsense, para monetizarles.

89.- Ofrece el servicio de Google Adsense privativo, es decir, adquiere todas las competencias que has de saber y aplicar para hacer que aprueben los blogs y sitios webs de tus clientes.

90.- Trabaja de copywriter, sabemos que es una profesión exigente y demandada, hay que dedicar mucho tiempo en formación, pero créeme, vaya que si vale la pena.

91.- Elabora textos tipo nubes para mapas mentales, utiliza técnicas básicas o contenidos tipo silos, o si lo prefieres **Brainstorming**[2], sé que con ellos enamorarás a tus interlocutores.

92.- Me dirás que este tema está muy trillado, pero aquí estamos citando alternativas, no es para que las uses todas, pero si para que la gran mayoría y las más notorias, la idea es poner a mil tu pasión por escribir y crear.

93.- Crea comunidad con otros bloggers o escritores y realicen crowdfunding, aplicando estrategias cooperativas y bloques de servicios, o porque no una agencia de contenidos digital.

94.- Genera tus usuarios o perfiles en las plataformas de contenidos basados en la blockchain y crea tus carteras digitales o wallets y empieza a generar contenidos, serás remunerado con criptomonedas.

---

1.   https://www.amazon.com/-/es/

Lcdo-Wilmer-Antonio-Vel%C3%A1squez-Peraza/dp/B09KN7YFYT/

ref=tmm_pap_swatch_0?_encoding=UTF8&qid=1641513933&sr=1-1

2.   https://wilmervelasquez.com/tormenta-de-ideas-en-marketing-3-2/

95.- Crea tu perfil en cafecito.app o en Patreón, son excelentes oportunidades de relacionarte con agencias de marketing, empresas de publicidad, agencias de contenidos, ONGs y webmasters o blogueros de todo el mundo, quienes pueden compartir contigo un café para reconocer ese gran trabajo y esa pasión.

96.- Contacta a casinos y tiendas online a través de sus páginas de contacto o las landing page, páginas de captación o suscripción.

97.- Los cripto activos y las criptomonedas en general están teniendo un auge tremendo y están reclamando espacios de manera brutal, crea contenidos de este tipo, son muy demandados, hay plataformas donde se colocan los artículos como en una vitrina o subasta, y adquieren buen valor según su calidad y el cómo aborda las temáticas.

98.- Aprovecha las tendencias y crea un blog descentralizado, el cual será valorado y pagado por clic PPC según la interacción que tenga el público con tus contenidos.

99.- Traduce contenidos, adapta y edita, presenta contenidos únicos a partir de esas ideas, realiza refritos, por favor dale, nueva vida a esas temáticas, convirtiéndolas en contenidos de nunca expiración o evergreen, dándoles tu muy particular estilo y maneras de expresarte.

100.- Escribe libros de bajo contenido, recientemente esta modalidad está teniendo un auge tremendo, aparte de que son libros e incluso cuadernos que no necesitan mucho tiempo ni recursos para su creación, ejemplo, un cuaderno de líneas, block de notas o un cuaderno cuadriculado, basta con realizar una genial portada, con colores y diseño adecuados, una gran imagen o texto creativo y llamativo, en el contenido, sólo líneas, cuadrículas, o simplemente guías útiles para realizar alguna labor, una agenda también es un libro de bajo contenido, la lista es infinita y depende mucho de la creatividad del autor.

101.- Utiliza tus dotes creativos y profundo conocimiento del lenguaje, de la sintaxis, de la gramática y del idioma español para ofrecer mentorías 1-1 personalizadas, existe un nicho (segmento del mercado) tremendo en el área de la creación de contenidos y en la auto publicación, no sólo esta plataforma **Kindle direct publishing (KDP),** también autores y editores, whattpad, entre otras.

Muy bien amigos, este humilde conocimiento se realiza para brindar un aporte a nuestros colegas escritores, redactores, creativos y copywriters que comienzan.

Estos consejos, sugerencias te garantizan no solo que tu mensaje cale, sino que te vuelve una autoridad en tu ámbito y nicho de mercado.

Lo que te permitirá desarrollar una vida plena aparte de hacer lo que Amas, al lograrlo además de que vas a **convertir tu pasión por escribir en dinero.**

Al considerar estos **101 consejos o Tips para ganar dinero escribiendo.**

Estarás mucho más plena(o), y habrás dado el gran salto y ese paso demoledor que hará de ti el mejor haciendo lo que adoras, siendo un genuino y gran profesional en la generación de contenidos de índole tanto online como offline de manera total.

Referencias bibliográficas:

Área Tecnología. Artículo publicado en sitio web. Disponible en https://www.areatecnologia.com/informatica/seidor-y-tipos.html. Consultado el 23 de octubre de 2021

Banconfinandina.https://www.bancofinandina.com/finanblog/ noticias/2020/02/04/seo-y-sem-ventajas-y-desventajas

Beltrán L. R. (1974). Las políticas nacionales de comunicación en América Latina. Documentos de trabajo para la reunión de expertos en planificación de políticas de comunicación en América Latina. Unesco. París Francia.

Benito, J. Vídeo cursos de formación de copywriting. Disponible: https://www.youtube.com/ watch?v=LqFHN_kVBjo&ab_channel=JorgeBenito/._Consultado el 17 de octubre de 2021.

Brandwatch.116 estadísticas de las redes sociales. Disponible en: **https://cutt.ly/W9VjrE** Consultado el 31 de diciembre 2020.

Copyworkers. Servicios de Redacción SEO Profesional. Marketing Digital y Copywriting. [Información ubicada en sitio web] Disponible en: **https://copyworkers.online/** Consultado el 30 de agosto del año 2021.

de Fontcuberta M. Gómez M. J. Alternativas en comunicación. Editorial Mitre. Barcelona España.

EGIA, C. Y BAYÓN J. Contra información y alternativas de comunicación. Artículo publicado en Euskera, traducido por Likiniano Elkartea. Ronda Kalea 12. 48005 Bilbao España.

Fullanchor. Redacción SEO. MEGA GUÍA cómo escribir un artículo SEO. [Artículo en sitio web] Disponible en:

https://fullanchor.com/redaccion-seo/ consultado el 28 de septiembre del año 2021.

García, Oscar, mayo 25 2016. **Marketing Online**[1], ¿Qué es el SEO friendly?

Inbound Emotion. Emotion lab. ¿Qué es el SEO en el marketing digital? [Artículo en sitio web] Disponible en:

https://www.inboundemotion.com/blog/qu%C3%A9-es-el-seo-en-marketing-digital/ consultado el 28 de septiembre del año 2021.

El País. Transformación Digital nota de prensa. noticias/transformación-digital/

Envíalo simple. Tendencias en marketing de contenidos 2019. [Artículo en un Blog] Disponible en: **http://bit.ly/2JlNRmH** Consultado el 27 de diciembre de 2020.

Herrera P. (2019, agosto 22) Técnicas SEO: posicionamiento en buscadores. [Mensaje de un blog] Recuperado de: **http://bit.ly/2PaI4pp**Consultado 28 diciembre 2020.

Inbouncycle Academia. Buyer persona: El factor clave en tu estrategia de marketing y ventas. [Artículo en un Blog] Disponible en: **https://bit.ly/2Hm0cUN**Consultado el 28 de diciembre de 2019.

Marco J., Andalucía Lab. Copy conversacional. 20 de septiembre 2019 copywriting conversacional en una empresa. [Artículo en blog] Disponible en:**https://cutt.ly/yeuZme0**Consultado el 26 de diciembre 2020.

Marketing Agencia Digital. 15 febrero 2018. Cómo medir tu estrategia de marketing de contenidos. [Artículo en un Blog] Disponible en: **https://bit.ly/2Hm0cUN**Consultado el 31 de diciembre de 2019.

Moragas M. Teorías de la comunicación. Edit. Gustavo Gili, S.A. Barcelona España.

Morel, Rosa. Copywriting en canal, formación digital, disponible:

https://www.youtube.com/watch?v=OTn31y1sHrU&ab_channel=RosaMorelCopywriting Consultado el 29 de septiembre de 2021

Morral Quintana, Laura (06-09-2018). Qué es el SEO En el marketing digital Inbound Emotion LAB [Artículo en un Blog] recuperado de: **www.inboundemotion.com**[2]/Consultado 28 diciembre 2020.

Núñez V. El blog de VN. 2018. ¿Qué es el marketing de contenidos? [Artículo en un blog] Disponible en: **http://bit.ly/366NeqM**Consultado el 29 de diciembre de 2020.

Ogilvy, David. Artículo. Los 7 mandamientos que todo marketinero debe saber. Disponible en: https://postcron.com/es/blog/david-ogilvy-los-7-mandamientos-imprescindibles-que-todo-marketinero-debe-saber/ consultado el 22 de octubre de 2021

Oliver Peralta E. **Genwords** ¿Cómo crear contenidos para cada etapa del embudo de ventas? [Artículo en sitio web] Disponible en: **http://bit.ly/2YDI0zm** Consultado el 27 de diciembre de 2020.

Ordóñez, Laia, Criterios de segmentación de mercados. Disponible en:

https://cutt.ly/c9C7A9 Consultado el 31 de julio 2021.

Pastor, Javi

https://www.javipastor.com/Revisado el 14 de octubre de 2021.

Patel N. (2019, agosto 22) Beyond SEO: Google bot Optimization [Artículo en Blog] Recuperado de **https://bit.ly/2TWoqch** Consultado 28 diciembre 2020.

Pérez N. Semrush Microcopy. 27 de febrero 2019. Pequeños textos con grandes resultados. [Artículo en blog] Disponible en:

https://cutt.ly/aeuZYdh/ Consultado el 29 de diciembre 2019.

Rodríguez, Simón. 1769-1854. Sitio web de frases y citas célebres en internet, disponible en: **https://citas.in/frases/2017240-simon-rodriguez-al-que-no-sabe-cualquiera-lo-engana-al-que-no-ti/**

Romero, Dean. (2015). Post en blog ¿Qué son las serps? **https://www.inboundcycle.com/blog-de-inbound-marketing/que-son-las-serps**. Consultado el 22 de octubre de 2021.

---

2.   http://www.inboundemotion.com

Romuald Fons, 01-04-2018.Qué es el SEO para los furiosos del SEO Curso básico. Estrategias técnicas SEO [Artículo en un Blog] recuperado de: **https://romualdfons.com/seo/** Consultado 28 diciembre 2020.

Strategist J. Diccionario **Inbound Marketing**. 2017. **Buyer persona.** [Artículo publicado en blog] Disponible en:

http://bit.ly/2NP6gJI Consultado el 27 de diciembre de 2019.

Tomasena M. Copywriting Conversacional. 2019. 10 trucos para escribir copywriting conversacional. [Artículo en blog] Disponible en:**https://cutt.ly/jeuZWwGConsultado el 31 de diciembre de 2020.**

Tomasena, M. Formación de copywriters para ejercicio en internet disponible en canal de youtube: https://www.youtube.com/ watch?v=2PREPcbHeJc&t=184s&ab_channel=Ma%C3%AFderTomase Copywriting[3]**.** Consultado el 18 de octubre de 2021

Torres Burriel. 2017. El patrón en forma de F y la lectura en productos digitales. [Artículo en un blog] Disponible en:

https://www.torresburriel.com/weblog/2017/09/15/el-patron-en-forma-de-f-y-la-lectura-en-productos-digitales/ consultado el 29 de septiembre del año 2021.

Toro B., (2001). La comunicación y la movilización en la construcción de bienes públicos. Banco Interamericano de Desarrollo (BID). Colombia.

Torrico E., Periodismo popular en ascenso. Papel de trabajo de la comunicación popular en Argentina Capital Federal.

Se feliz haciendo el copy que amas, y vive de tu pasión durante el proceso, jamás verás esto como un trabajo, sino como tu libertad...

---

3.   https://www.youtube.com/
watch?v=2PREPcbHeJc&t=184s&ab_channel=Ma%C3%AFderTomasena%20%20%20Copy
writing

Don't miss out!

Visit the website below and you can sign up to receive emails whenever Wilmer Antonio Velásquez Peraza publishes a new book. There's no charge and no obligation.

https://books2read.com/r/B-A-AWYS-GHEXB

Did you love *101 Tips para ganar dinero escribiendo*? Then you should read *Hazte experto redactor SEO de 0 a 100 en 3 semanas*[4] by Wilmer Antonio Velásquez Peraza!

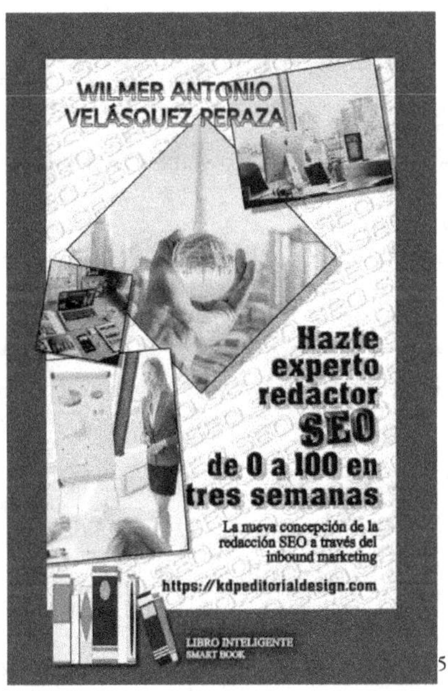

[5]

El Iceberg de los grandes negocios parte de la generación de una comunidad, el mundo está cambiando a pasos agigantados y ya no vale un proyecto digital por su aporte económico, ni siquiera por su apalancamiento o por la construcción del aviamento adecuado, depende directamente de movilizar masas y de la consolidación de una gran comunidad.

---

4. https://books2read.com/u/mqEWN8

5. https://books2read.com/u/mqEWN8

Además de eso ya el SEO como lo conocemos está por ceder hacia una comunicación y redacción SEO que responda no sólo a tácticas o técnicas mecánicas que por inducción y el llamado black hack SEO busca manipular a Google y a los demás buscadores para inducir tráfico "orgánico" y por ende posicionamiento web SEO.

Inducir tráfico y atraerlo de forma efectiva, seducirlo y fidelizarlo a través del marketing social o social media marketing, usando del mismo modo el marketing de contenidos, en fin, el marketing digital con un SEO mecánico y tosco cada vez será más difícil. Cada vez es más sofisticado el sistema de algoritmos que Google emplea para detectar intentos de trampear al buscador para no cumplir con la premisa de satisfacer las busquedas orgánicas de las personas y sin contribuir a ellos respondiendo a sus inquietudes como merecen, eso lo está tomando muy en cuenta el gigante mundial de los buscadores Google.

La actualidad y las tendencias mundiales enfocan el interés hacia los perfiles SEO redactor quienes usan las técnicas de Copy Conversacional, storytelling e Inbound SEO ya que las marcas y empresas que no tienen presencia exitosa en internet pueden considerarse ineficaces y hasta incapaces de alcanzar objetivos concretos, mucho menos de aspirar los primeros lugares de los rankings de posicionamiento SEO, que definitivamente alcanzan estos profesionales con una escritura limpia, con sintaxis, semántica y gramaticalmente correcta sin perder su esencia en cuanto a responder las inquietudes de las personas durante sus busquedas orgánicas.

Una empresa, brand, producto, proyecto web, blog o perfil corporativo pueden estar al día de hoy bien ubicados en las primeras páginas de resultados disfrutando de las ventajas que esto conlleva en cuanto a ventas y relaciones y al día siguiente ser penalizado y desaparecer de la palestra sin el menor estupor y sin poder atribuirle la culpa a nadie, más que a su propia ineficacia.

Es por esta y otras razones que los perfiles SEO Redactores copywriters que apliquen las técnicas del Copy Conversacional con intimidad y proximidad deben ser valorados y por ende atesorados.Ese principio de intimidad y de intentar crear un acercamiento es lo que hace de la técnica del copy conversacional del Redactor SEO algo tan efectivo, en el mundo digital hoy día la interacción mucho más personalizada y directa es apreciada por todos o por lo menos la mayoría de tus interlocutores que interactúan con tu empresa, marca o servicio lo que genera confianza a la hora de vender.

Esa proximidad cuando llega el momento de adquirir un bien, producto o contratar un servicio las personas lo harán a quienes conocen, o con aquellos con los cuales estén más identificados, otro punto a favor del Copy Conversacional, y es el SEO redactor quién sabiamente lo aplica.Aléjate de la falta de sinceridad y abre el corazón de tu marca, personalízala a más no poder y no te ciñas a las tendencias ACTUALES. NO pierdas la estrecha relación que debes mantener siempre con tus interlocutores y lectores, toda esa forma de plasmar las ideas te llevará de 0 a 100 en un parpadeo y hará de ti un experto SEO redactor en muy poco tiempo, ¡te lo garantizo!

www.ingramcontent.com/pod-product-compliance
Lightning Source LLC
Chambersburg PA
CBHW052234150726
48002CB00003B/1433